Samimi Cizgiler

Mahzuna Habibova

© Mahzuna Habibova
Samimi Cizgiler
by: Mahzuna Habibova
Edition: May '2024
Publisher:
Taemeer Publications LLC (Michigan, USA / Hyderabad, India)

ISBN 978-93-5872-634-3

© **Mahzuna Habibova**

Book	:	Samimi Cizgiler
Author	:	Mahzuna Habibova
Publisher	:	Taemeer Publications
Year	:	'2024
Pages	:	50
Title Design	:	*Taemeer Web Design*

Samimiyet satırları

Samimi, dokunulmamış bir düşünce bir şiirin kanadıdır. Bu kanatların yardımıyla uzaklara uçar, insan kalbinin derinliklerini fetheder. Bu tür çizgiler her zaman görünmez. İnsanları şaşırtan mucizeler gerçekleştiğinde, bazı icatlar gerçekleştiğinde olur.

Genç kalemci Mahzuna Habibova'nın eseri, canlılığı, konunun renkliliği, şiire olağanüstü benzetme ve abartıların katılması ve sevenlerinin ilgisini çekmesiyle öne çıkıyor.

Babaya, anneye, eşe, kayınvalideye, arkadaşa ve eşe ithaf edilen şiirler, samimiyeti, şefkati, başkalarının bilmediği nitelikleri ve alışkanlıklarıyla öne çıkar. Anne-babaya karşı sevgi, vefa ve şefkat duyguları taşırlar ve bu da insanlarda göbek kanlarının aktığı topraklara hasret hissetmelerine neden olur.

Genel olarak genç sanatçı Mahzuna Habibova'nın bir sonraki kitabı olan "Soghin ortar yurylarımimin", şiirlerdeki geniş tema yelpazesi ve sanatsal yorumun mükemmelliğiyle dikkat çekiyor. Bu genç sanatçının renkli konulardaki şiirlerini bekliyoruz.

Özbekistan Gazeteciler Birliği üyesi Safar Akhmedov

Bahar geldi
Ufuktan parlak güneş doğdu,
Yerdeki çimen güldü,
Bulut gözyaşı döktü, gök gözyaşı döktü,
Ülkeye bahar geldi.
Serin esintiler usulca esiyor,
Oftoboy çiçek hastalığını verdi
Badem çiçekleriyle konuşuyorum,
Ülkeye bahar geldi, bahar geldi.
Koynunda küçük bir kız eteği - süpürgelik,
Uzun zamandır beklenen Nevruz'a liderlik eden,
Ağaçlar sevinçten coşuyor
Ülkeye bahar geldi, bahar geldi.
Mis kokulu çiçeklerin kokusu
Şairin kaleminin çizgisi bozuk,
Büyüleyici hüsniye bakarken,
Ülkeye bahar geldi, bahar geldi.

Bahar gel, gel ve vur beni,
Yağmurun ruhumu yıkasın
Mutlu ol ve öl.
Avucuma yavaşça nefes al.

Seviyorum.
Nereye gidersem gideyim aklımdasın
Büyükanne, seni seviyorum.
Siz bu yaşam biliminin bir bilim insanısınız,
Seni seviyorum büyükbaba.
Her zaman tavsiyelerine uyuyorum,

İyilik yolunda mutlulukla doluyum,
Her ne kadar senden biraz uzakta olsam da
Büyükannemi seviyorum.
Diken acıtsa da,
Çaresizlik içinde kalıyorum ve bir yaprak gibi kuruyorum,
Derslerinizi sabırsızlıkla bekliyorum.
Büyükbaba, seni seviyorum.

Bahar
Çok canlandırıcı yeşil bir dünya,
İnsan çiçek kokusundan sarhoş olur.
Beyaz karı biraz okşadım,
Bahar, bugün seni çok özledim.
Etrafınıza bakarsanız kusursuzdur.
Toprak yüreğim kadar saf ve beyaz,
Kalp de sevinçten uzaktır nedense,
Bahar, bugün seni özledim.
Oğullarını seviyorum
Nozboy, fesleğenlerin sevgili dostum,
Köylüyle biraz sohbet ettim.
Bahar, bugün seni çok özledim
Her mevsimin kendine has parfümü vardır.
Serjilo, murodbakhsh hattı her gün.
Ama yüzünde farklı bir parfüm var
Bahar, bugün seni o kadar çok özledim ki...

Anne, ağlama
Kalbim kırılırsa üzücüdür
Gözlerim mercan gözyaşlarıyla dolu olsa da,
Utanç verici olsa da yeterli değil.
Anne ağlama, bırak dünya ağlasın
Irmaklar dolsun ve gökyüzüne ağlasın
Demek yeterince gençtin,
Hayalleri bir bir ektin yüreğine,
Sen de Zülfiya'nın acısında boğuluyorsun,
Anne, ağlama, bırak cennet ağlasın
Sadece ağlamayın, bırakın dünya ağlasın.
Seni üzgün görünce kalbim hastalanıyor
Gül ben senin için ölüyorum
En güzel çiçeklerden bir demet,
Ağlama anne, dünya ağlasın
Gökyüzü denizi doldursun ve ağlasın.
Laleler, sümbüller, fesleğenler, güzel çiçekler olmadan,

Aşk dolu ruhum dilsiz,
Her günümüz mutluluk ve neşe dolu,
Ağlama anne, dünya ağlasın
Nehirler dolsun, gökyüzü ağlasın.

Canım. (Kayınvalidem Saodat Samiyevna)
Teşekkür ederim,
Tatlı sözüm sensin canım
Hizmetiniz harika,
Chakkonay'lar canavardır

Şimdi seni tahta çıkaralım,
Yedi kat battaniye olsun,
Acı çaylar tutuyorum,
Tatlım, kızın askere gitsin.
Annem benim annemdir,
Koshanam benim çiçeğim, benim çiçek bahçem,
Sen teksin
Odam seninle aydınlanıyor.

Bu aslanın öyle dediğini sanmayın
Her söz yürekten gelir
Bal kızına olan aşkın,
Avaylab her şeyi yazdı.
Sevgi dolu güzel yüzün,
Kahkahalarla dolu olsun
Torunlara tatlı şeker
Sıcak, kabarık koynunuz dolsun.

Malikabonu

Ay ışığı kadar net yüzler
Bol'dan tatlı ve tuhaf sözler
Büyükanne yalnız bir güzeldir
Eril kız Malikabonu
Nazik kız Malikabonu
Sevgili kardeşim Amonjon
Bana kardeşim diyorlar
Yüzünde bir gülümseme
Omuzlar kalpten çok uzakta
Kuzenlerinin meleği

Faizli bu bahçenin cevheri elbette
Büyükanne, dedenin kusursuz çiçeği
Eril kız Malikabonu
Nazik kız Malikabonu
Mullojanim kelimesine
Ah, bırak bu ruhlar kurban olsun
Tatlı dilli tipim
Tole'un tahtı parlasın ve gülsün.
Kocam Malikabonu
Sevgili Malikabonu.

Özlem

Bugün bu zayıf gözler onsuz ağlayacak,
Hasret çölüne düşen,
Teselli edici sözler bile teselli vermiyor
Bugün hasret galip geldi ve yine haklı.
mavi gözlerini arıyorum
Nefesini bile hatırlamıyorsun, bulamadım
Çizilen kalbi tekrar tuzla,
Özlem sayfasını yine kapatmadım.
Neden gözlerinde yaş var?
Vazgeçmeden sabredin
Yüksek sesle ağlayarak söyleyeyim,
Bulunamayan bir dost, yalnız bir sırdaş.
Bütün hayallerim gerçek olsa
Geriye tek bir şey kalıyor, zalim bir hayat.
Bu kadar çok insanla dolu bir dünyada,
Sevgili insanım uymuyorsa, yazık!
Kaderde her şeyi gören gözler,
Hasret de olsa dayanır bu gönül,

Bu kadar acıya katlanan bu ruh,
Gerisine katlanmak zorundadır.
Bugün onsuz ağlayan bu zayıf gözler,
Hasret çölüne düşmek...

Sen benim kızımsın

Yıldızım gözlerimde parlıyor
İyi şanslar, dün öğleden sonra iyi şanslar.
Konuşkan, hızlı, ah tatlı sözüm,
Varlığım, annem olmadan sen benim kızımsın.
Kardeşine karşı nazik ol.
Bizi korusun, her zaman güvende ol,
Babanın adamı, ah yay,
Canım, annesiz yapayalnızsın kızım.
Sen bu güzel sarayın kraliçesisin,
Büyükbaba, büyükanne, sen bir adamın kızısın,
Altın, zari,
Varlığım, kızım, annemsiz.

Teşekkür ederim öğretmenim

Dünyanın kapılarını açan bilgi,
Mucizeler alanına dönüyorum,
Masum gençliğimi, okulumu anarak,
Öğretmenim, bugün size teşekkür ediyorum.
Şiirlerimin her satırı yürektendir.
Bilim diye yakıldı.
Bilgi hazinesi aklıma döküldü,
Öğretmenim, bugün size teşekkür ediyorum.

Rütbeniz ve rütbeniz şanlı olsun,
Adımlarınız çiçeklerle dolsun
Yüzünden ışık parlasın,
Öğretmenim, bugün size teşekkür ediyorum.
Binlerce öğrenciniz önünüzde eğiliyor,
Bize ilim tohumlarını saçtın,
Kız ve erkek çocukların bilim adamı olmaları için,
Öğretmenim, bugün size teşekkür ediyorum.
Ülkemin gururu, milletimin gururu.
Bu kelimeyi bir kez daha tekrarlayacağım.
Bana verdiğin bilgiler için tekrar teşekkür ederim.
ÖĞRETMENİM BUGÜN SİZE TEŞEKKÜR EDİYORUM!!!

Zülfiyahanim'e
Bir rüzgâr esti penceremden
Damla damla yağmur fısıldıyor,
Kalbin kırık, dilin parlıyor,
Bahar yine geldi, seni soruyor.
Penceremin önünde bir yığın kitap,
Senin hatıran parlak bir güneştir,
Gülümsedi, belki de bu ünlemdir,
Bahar yine geldi, seni soruyor.
Acısını kağıda yazdı
Acıların kokusunu yüreğine çekmiş,
Yorini bir ömür boyu rüyalarında beklemiştir.
Bugün bahar sana sormaya geldi.
Ateşli sözler kalpteki yaraları iyileştirir,
Bu hüzünlü gözler,

Bir melek örneği, ah, güzel yüzler,
Bugün bahar sana sormaya geldi...

**Prensesim olmadan ben
(Kayınvalidem Saodat Samiyevna)**
Gözlerinde nur, yüzünde hilal,
Her sözün şeker dolu tatlım,
Kelimeleri kaybettim, hahaha
Kraliçem olmadan canım.
Josh urar şelalesi aşkınızın bir örneğidir,
Aşk gözlerinde gizli
Melek
Kraliçem olmadan yaşıyorum canım.
Sen yanımdasın, ben mutlak hayatım,
Sen benimlesin, biliyorum, siyah, beyaz,
Kalbine senden daha yakın olan var mı?
Kraliçem olmadan yaşıyorum canım.
Kalbim satırlarını anlamıyor
Bugün sana tüm sevgim
Bir şey söylemeye gerek yok
Kraliçem olmadan canım

sen gelmedin
Şafak vakti...
Ufuktan kaldır başını,
Işıklar dünyasındaki altın güneşim,
Ama kalp donuk,
Dökülen su...

Kaçırdım, kaçırdım, lek, gelmedin...
Gülüşünü unuttum mu?
Senin havalı yürüyüşlerin bile,
Gece gündüz aklında kalıyorsun
özledim seni, özledim, gelmedin...

Her satırında, her melodisinde hayatsın sen
Annemin her rüyasında, her düşüncesinde.
Gülümsemeye devam et, mutlu ol
Oğlunuzun bakışı, düğünlerdeki mutluluk...

Yine o sonbahar... Yapraklar sararır,
Keşke dökülse, keşke dökülse
Bu sonbaharın sararan yaprağı gibi,
Yüreğimi acıtan bu acılar...

O gün kalbimin bedenimden çıktığı gün
Gökyüzü gözyaşı döküyor, iç çekiyor,
Bugün kalp acı içinde, neden acı çekiyor?
özledim seni, gelmedin...

Kısacık, zalim bir dünyanın bağrından,
Güz çiyleri gibi düşersem,
Bir kelebeğin çiçeğe konması buna örnektir.
Keşke kanat çırparak sana ulaşabilseydim...

Bu zorlu hayatın sınavından,
Sıska bir kız yürüyemez
Bu dünyanın acı verici, ağır yükü,

Sadece kalp kaldırmıyor...

Hasrete gömülen bu yürek,
Yandı, bitti, başka ne yapılabilir?
Böyle bir kalbin sahibi, bu üzgün yüzler,
Ne kadar mutlu, nasıl gülüyor...
Cansız her zaman satırlarımda,
Ah, çektim, çektim, eh, bilmiyordun
Yüreğim hâlâ acı içinde,
özledim seni, özledim, gelmedin..
Şafak vakti...
Ufuktan kaldır başını,
Işıklar dünyasındaki altın güneşim,
Ama kalbi zayıf...
Dökülen su..
özledim seni, gelmedin...
Gülerek yaşıyorum
Bir anda yüreğime bir diken batıyor,
Acılara rağmen yaşıyorum
Geçmişe, tarihe gözyaşı döküyoruz,
Yeter artık sadece kahkahalarla yaşayacağım.

affetmem

Yolsuzluk bataklığında boğulanlar,
Kıskançlık, Bokhton mezarında yatanlar,
Evde dedikodu ve iftira atanlar,
Arkamdan konuşanları affetmiyorum.

Hayatta

Bu engebeli hayat yolunda,
Yanlışlıkla düşüp tökezlememe rağmen,
Karaciğerim yavaşça elimi tutuyor,
Her zaman yolumda takılıp kalsam bile.

Buhar çıkıyorsun

Eski tarih, yüreğini zafere ifade ediyorsun,
Yetenekli ve keskin zekalardan etkileniyorsunuz,
Senin yüce adın bir dünyadır lütfen,
Sen benim sevgili Buhara'msın.

Konutlarınız bereketli olsun.
Buhari, İbn Sina
Paris hakkında konuşmayacağım, geri döneceğim.
Sen benim sevgili Buhara'msın.

Yabancı bir ülkede bir an bile kalsam dilim
bozulur.
Yüzü okşayarak, yavaşça gözyaşları şaşırır.
Böylece kalbi kendiniz iyileştirebilirsiniz.
Sen benim sevgili Buhara'msın...

Aşkım
Mavide parlayan yıldızlar söylesin,
Aşkımın dalgalarını biliyorlar.
Yüzünde bir benek olan güzel, bırak ay söylesin,
Bize sevgisinden bir kale diledi.
Aşkım öyle eşsiz, öyle sonsuz ki
Zayıf kalbime emir veremiyorum
Sen olsan bile nefes alamıyorum
Kuru bir kalp kendini tanımaz.
Her yağmur damlası şahittir
Aşkım uçurum gibi
Özlemlerim kızgın bir güneş gibidir.
Sensiz, bir gölge gibi.
Aşkım gökyüzünde beyaz bir güvercin,
Sıcak nefesinin kokusunu duyuyorum,
Seninle sağlıklıyım, hayat, kalbim çarpıyor,
Söyle bana, beni senin gibi kim seviyor?
Aşkım gökyüzündeki beyaz bir güvercin.....

****

Her zaman mutlu, sağlıklı görüşürüz
Sen üzgün olsan da ben kötü durumdayım.
Tekrar söylüyorum, tekrar söylüyorum.
Kraliçem olmadan, canım...

Büyükannem
(bir çocuğun dilinden)
Yüreğimin unsuz duyguları,
Aşkını arıyorum

Büyükanne, yalnız değilsin.
Annem gibi nazik ve naziktir.
Küçük yeğenimin kıkırdamaları gibi
Bu güzel şeffaf kalbini tertemiz yap,
Efsanevi bir hayalet gibi,
Güzel, ışıltılı yüzünüz parlıyor.

Vatan
(Çocuk edebiyatı)
kalbimin varlığı,
Ruhuma barış, Anavatan,
Günahlarım için beni affet,
Teşekkür ederim Anavatan.
Sen acılarıma merhemsin
Acımın alıcısı
Sevinçle sarılmış
Kalp için neşeli.
Bayrağınızı maviye yükseltin
beni kaldır
sana hizmet etmeye hazırım
Yürekten gelen samimi sözlerim.
Vatan senin toprağındır,
Asragum göze uygulandı,
Gurur ve şeref bir dağ gibi,
Omzumda bir yük var.

kalbimin varlığı,
Huzur içinde uyu Anavatan...

***

Sabahın erken saatleri...
Sanki başımın üzerinden bir zar atılıyor...
Bahçemde güzel, tatlı tomurcuklar,
Parfümü taradıktan sonra güzelce açılıyor.

Gökyüzünün kusursuz tazeliği,
Bu an nefesini kesti
Başımın üzerine altın bir ışık saçıyor,
Bugün güneş bana gülümsedi...

Belki yüzüm onun üzerinde parlayacak
Gözleri bu dilimi onsuz oydu.
Ateşi beslemek için sıcak bir taftayla,
Güneş bugün bana gülümsedi.

Bahçe sessiz, gece derin düşüncelere dalmış,
O gözler yüreği yakar
Dilde tafta hissi,
Güneş bugün bana gülümsedi.

Yağmurlar

Mutluluk... Nedir o?.. nasıl, söyle bana,
Malal gelmese bile yetişin.
Bugün beni neşelendir
Yağmurlar acılarımı yıkasın.

Acılar ve özlemler omuzlandı,

Bu garip kalplere neşe getirmek,
Yüzünde hüzün ve gülümsemeyle,
Yağmurlar acılarımı yıkasın.
Gökyüzünde bulutların olmadığı bir an,
İnlemelerimi dinle, çığlıklarımı dinle,
Söyle bana, mutluluğu hak ediyor muyum?
Yağmurlar acılarımı yıkasın.
Penceremin arkasından usulca fısıldıyorum
Çok fazla şey istemiyorum
Yüreğime şefkatli duygular katan,
Yağmurlar acılarımı yıkasın.

Anne, bugün sen...
Anne, bu diller anlatılamaz,
Yazsam bile kağıtta kalem yok,
Eğer hastaysam ve soğuktan titriyorsam,
Sıcak, ateşli, sıcak bir yaz.
Anne, bugün sensiz uzun süre ağladım.
Kalbim özlemle çarpıyordu.
Söyle bana, son kez telefonda,
Aşkım, seni ne zaman özledim?
Affet beni genç kızım,
Ben merkezli gülüşün,
şuan seni özlüyorum
Anne, bugün sensiz uzun süre ağladım.
bugün ağlıyorum

Saatleri, saniyeleri, ayları ve günleri saymak,
Uzak durmasam da canım
"Uzaktaki kalbimi" kurtar Ya Rabbi!
Bu bir kızın kaderidir anne.
Benim evim, benim yerim, çocuğum diyor.
Bir fincan çayı çiçek gibi yetiştirdin,
Yakalayamadım, özür dilerim.
Şimdi hizmetinizi yapın dediğinizde,
Eviniz terkedildiğinde,
Kız çocuğunun kaderi ne zaman
Anne, bugün sensiz uzun süre ağladım.
Aramızdaki mesafe uzak olsa da
kalbimdesin anne ama
Beni beklediğini binlerce kez söyle
Kalbine yakın biri var mı?
Sen çok özlüyorum,
Anne, bugün sensiz uzun süre ağladım...

Milli marş
Madhin şarkı mı söyledi, açıklamasını bulamadım
Acı bu yüreğin düğüm noktalarında,
Kardeşinin söylediği hasret haber,
Senin duygularınla çevriliyim.
Sen dahi bir hekim olan İbni Sina mısın?
Dünyanın acılarının şifacısı,
Sen şu ölen Shiroq musun?
Düşmanın kafasını karıştırır, yolunu keser.
Kalpte uyanık olan sensin,
Ateş gibi yanan bir kibrit,

Müştipar, sen annemin "Tanrısı"sın,
Kalbimin neşesinin müzisyeni.
Sen Timur'un keskin kılıcısın,
Gücü adaletle birleştiren,
Sevgili Muhammed Yusuf,
Roma'ya yorulmak bilmez...

Duygularım anne babamın sevgisi kadar sıcak.
Duyguların acısını yürekten döküp,
Zaman geçtikçe hüzün izlerim,
Beyaz karla kaplı...

Sevgili Ben
(Amcam Saodat Samievna)
Bugün elime bir kağıt daha geldi.
Tanımın için titreyen bir kalem,
Sana şiirimi söyleyeceğim
Övgülerini bile söyleyemiyorum.
Bazen kalbini incitiyorum
Ben senin sözüne uymadım.
Sonuçta, kendin olmadan munis, eşsiz,
İşaret yolumda, hayatımı cilala.
Sana gece gündüz aşkımı gösteriyorum
Bazen senin şekerinim, bazen de tuzunum.
Yaşasın diyorum, her zaman faydalı,
Ben senin gelininim, gelinin değil.

Yüzünden kaybolmasına izin verme,
Her zaman mutlu ol diyorum.

Acı hissetme, yüreğinin yaşlanmasına izin verme,
Bu dünya var olduğu sürece var olun diyorum!

CEFA

Güneş mavide parlıyor, peki ya kış?
Kalbim özlemle dolu.
Yollar farklı olsa da, hayal nakit olsa da,
Varlığın benim umudum, şiirim.
İnanç sensiz yaşamak ölümden daha zor
Gelirseniz depozitonuzu gönderirim.
Rüyalarında kaybol, rüyalarıma gir
Sen ne söylersen söyle, alışacağım.

Kalbimi özledim...
Islak gecelerin mutlu sabahı,
Kalbim atıyor ve şarkı söylüyor.
Sizce Visol bir gün oynayacak mı?
Hayal gücü merak eder, hayal gücü düşünür...
Yüreğimin huzurlu bahçesine,
Göğsüme bir fidan diktiler.
Kırık kalbimden çalkalanan kandan,
Her sabah üzerine su döküyorum.
Acı kışın soğuk nefesi,
Ateşli aşk insanın kalbine yerleşmiştir.
Dayanamıyorum, dondum,
Gizli kalp parçalara ayrıldı.
Aşkın tatlı şarabını içiyorum
Özlemden sarhoştu yüreğim.

Ayrılığın soyut vahşiliği sayesinde,
Kalp toprak seviyesinin altındadır.

Bu bir kalp değil, "kuru kaşık"
Bum boş. Umuttan başka bir şey yok.
Kalbinin kölesi, çılgın bir aşık,
Hastadır, acısına çare yoktur.
Islak gecelerin mutlu sabahı,
Kalbim atıyor ve şarkı söylüyor...

**
Umudun uykulu azabında selvi,
Özlem, hüzün, unutulmuş düşünceler...
Ayrılığın şiddetli pençesinde,
Kırık bir kalp ahenksiz bir şarkı söyler.

Kederden dökülen kan mı sandın?
Göz göze göz göze mi?
Hicran çölünde ruhum özgür,
Ben bir zavallıyım - iyi şanslar!

Sen gelmedin
Şafak vakti...
Ufuktan kaldır başını,
Işıklar dünyasındaki altın güneşim,
Ama kalp donuk,
Dökülen su...

Kaçırdım, kaçırdım, lek, gelmedin...
Her satırında, her melodisinde hayatsın sen
Annemin her rüyasında, her düşüncesinde.
Gülümsemeye devam et, mutlu ol
Oğlunuzun bakışı, düğünlerdeki mutluluk...
Yine o sonbahar... Yapraklar sararır,
Keşke dökülse, keşke dökülse
Bu sonbaharın sararan yaprağı gibi,
Yüreğimi acıtan bu acılar...
O gün kalbimin bedenimden çıktığı gün
Gökyüzü gözyaşı döküyor, iç çekiyor,
Bugün kalp acı içinde, neden acı çekiyor?
özledim seni, gelmedin...

Kısacık, zalim bir dünyanın bağrından,
Güz çiyleri gibi düşersem,
Bir kelebeğin çiçeğe konması buna örnektir.
Keşke kanat çırparak sana ulaşabilseydim...
Bu zorlu hayatın sınavından,
Sıska bir kız yürüyemez
Bu dünyanın acı verici, ağır yükü,
Sadece kalp kaldırmıyor...
Hasrete gömülen bu yürek,
Yandı, bitti, başka ne yapılabilir?
Böyle bir kalbin sahibi, bu üzgün yüzler,
Ne kadar mutlu, nasıl gülüyor...
Cansız her zaman satırlarımda,
Ah, çektim, çektim, eh, bilmiyordun
Yüreğim hâlâ acı içinde,
özledim seni, özledim, gelmedin..

Şafak vakti...
Ufuktan kaldır başını,
Işıklar dünyasındaki altın güneşim,
Ama kalbi zayıf...
Dökülen su..
özledim seni, gelmedin...

Aşk

Uşşak halkının göğüslerine kazıdığı bir felaket,
Yoksa bin acıya devam mı edeceksin aşkım?
Bozkırda dolaşırken,
Vatan mısın aşkım?
Hasretin kokusu yüreklere girince,
Siz aşkın hüzünlü yüzlerisiniz - aşk!
Duygular - satırı kalpten yazarken,
Sernasha, sen aşkın tutsağısın - aşk!
Senin alevinin ışığından,
Yanmış, mahvolmuş aşk.
Aşk tomurcuğu bir anda patladı
Umudun kulübesinde aşk öldü!

Kahraton geçti, bahar geldi,
Yere yayıldı.
Abgor bu kalpte - dava yaraları,
Acıyı kalp yarattı.
Oynamadan ölelim

"Şakayı" ve "gerçeği" fethettin.
İki kalp gerçek mutluluğun melodisini
söylediğinde,
Armon çölünde dikkatsizdin!

Anne...
Gece dinlenmeni çaldım
Tekrar söylüyorum: Sesiniz olmadan barış olmaz.
Ah, şu an seni özlüyorum
Çocukluğumun kitabı hiçbir zaman kapanmadı.
Fırından kesilmiş ekşi kremalı ekmek,
"Çocuğumu al" - kimse anne demiyor!
Yüreğimin parçalanma hissinden tiksin,
Senden başka kimse bilmiyor anne!

***
Senin aşkın kalbimde bir kalıptır,
Mutluluğu senin varlığında buldum.
"Aşk" - bunu melodiye koyan hanımefendi dedi,
Sözlerin olmadan geçen günler - bu kadar yeter!
Ayrılığa inanamadım
Adın uykulu düşüncelerimde saklı.
Kalbinden - kalbime gelince,
Bakmaya cesaret edemedim.
Bu kırık kalpteki sevgili gözler,
Tatlı rüyalar artık bir tutku haline geldi.
Sensiz yaşamak zor!
Kalp seni söylüyor - başka bir şey değil!

****

Ülkemin değerlerini kendine sakla,
Bilmiyor, sevmiyor; kimse benim gibi değil.
Misafirperver, onurlu, yüksek ruhlu,
Müslümanlık Özbeklerin karakteristik özelliğidir.
İnsanlık ruhun huzurudur,
Allah'ın büyük sözü.
Elleri göğsünün üzerinde selam veriyor,
Müslümanlık Özbeklerin karakteristiğidir!
Cömert olursan hayat kahkahalarla doludur
Sevgiyi ihtiyacı olan birine verirseniz,
Eğer bana halkım, halkım dersen,
Müslümanlık Özbeklerin karakteristiğidir!
Dayanışma tohumlarını yüreklere eken,
Mehrdan - kalpler için bir defter açtı.
Vatan aşkı uğruna öldü
Müslümanlık Özbeklerin karakteristik özelliğidir.
Murgak bebekleri kucakladı,
Aşkını yüreğinde ateşe verdi.
Dayanışma, sonuç - çok eski zamanlardan beri,
Müslümanlık Özbeklerin karakteristiğidir!
Bana nasıl şarkı söyleyebileceğimi söyle
Açıklamada aşktan bahsetmiyor musun?
Ateşte yanarken "Milletim" diyen.
Müslümanlık Özbeklerin karakteristiğidir!
Mümkün olduğu kadar yardımcı olmak
İnsanlıkta beyaz kar gibi eriyor,
Aşk bahçesi kelimelerle koparılmış bir çiçektir.
Müslümanlık Özbeklerin karakteristiğidir!
Yüzlerce millet bir ülkede yaşıyor

Gururla söylüyorum barış ve uyum,
Gururum - Bu kelimeye tekrar döneceğim,
Müslümanlık Özbeklerin karakteristiğidir!

****

Bir şey söylemek...
Sözlerin kalbime merhem olsun.
Bir şey söylemek
Huzur içinde uyu bu dertli yürek.
Bir şey söylemek...
Bir nokta acıma dermandır.
Hastayım senden başka şifa veren yok
Senden başka özlediğim kimse yok.
Her söz kalbe kurşundur
Bir şey söyle... Acılarıma çare olsun...
Bana kaldı....
Ellerini bırakma
Gözlerimi senden alamadım
Çaresizce soruyorum bu yürekten,
Söylenmemiş - ah, kaç kelime...

****

Yaralı duygularım - sana geri dönüyorum
Senin için hiçbir umut olmamasına rağmen.
Bu yürek acılardan uzak olsun,
Merhaba, zaten yarı doymuşum.
Şiirimde o gözleri arıyorum
Bulamadım, acı bedeni ezdi.
Adını gece gündüz tekrarla,
Kâğıda döktükten sonra kalem yoruldu.

Ateşli aşkını toprağa gömdün,
Tatlı hatıranla geriye baktım.
"Git" dedin uzak gökyüzüne,
Yağmur gibi düştüm kucağına.
Yüzün okşanıyor, rüzgar gibi essem,
Keşke ayağını öpen toprak olsaydım.
Eğer yeniden doğarsam,
Seninle doğmuş olsaydım, seninle ölürdüm.
Yaralı duygularım - yine sana karşı...

***

Sensiz tek bir gün geçmiyor.
Aşkın kurbanı, kalbimi geri ver.
Sensiz - rüyam doğmayacak,
Umutsuz umut - geri dön!
Bu geceler azrail - ruhumu alan,
Hayatımdan yıllar alıyor
Tek bir kelime duyarak hayatta kalan kişi -
Hicran kalbime geliyor.
Hüzünlü gözlerime baktın
Keşke hayallerim doğruya dönse.
Bu dilin kuralları olduğunu unutmayın -
Ayrılık bile yakışıyor bana!
Sensiz bir gün bile geçmiyor...

Milli marş

Madhin şarkı mı söyledi, açıklamasını bulamadım
Acı bu yüreğin düğüm noktalarında,
Kardeşinin söylediği hasret haber,
Senin duygularınla çevriliyim.
Sen dahi bir hekim olan İbni Sina mısın?
Dünyanın acılarının şifacısı,
Sen şu ölen Shiroq musun?
Düşmanın kafasını karıştırır, yolunu keser.
Kalpte uyanık olan sensin,
Ateş gibi yanan bir kibrit,
Müştipar, sen annemin "Tanrısı"sın,
Kalbimin neşesinin müzisyeni.
Sen Timur'un keskin kılıcısın,
Gücü adaletle birleştiren,
Sevgili Muhammed Yusuf,
Roma'ya yorulmak bilmez...
Duygularım anne babamın sevgisi kadar sıcak.
Duyguların acısını yürekten döküp,
Zaman geçtikçe hüzün izlerim,
Beyaz karla kaplı..

***

Hayat hikayemin sayfasında,
Okunmamış bir kitap oldun.
O olmadan kalbimin damlası,
Söylenmemiş şarkı - sen sonsuza kadarsın.

Sensiz - anlamsız dünya boyunca,

Bir kere kelebeğe dönüştüm.
Kanatlarım sana doğru uçuyor
Katılıyorum, eğer bir gün kollarında ölürsem.
Dünyayı unutmak büyük bir hatıradır,
Neden seni unutamıyor?
Ağlamaktan gözleri karardı
Resmine bakmadan duramıyor.
Kalbinin kıyısında suskunum,
Kendinle yalnızsın, hala görmüyorsun.
Yalnızım, - "Ne yapıyorsun meleğim?"
Neden sormuyorsun prensim?

***
Bugün kalp şarkı söyledi - bir şiir,
İkimizin de kaderi zayıflıktı.
Hayatın özünü anladım
Hayat senin varlığındır, ölüm ise yokluğundur.
Yollarımız çok eski zamanlara dayanıyor.
Bu kalp bedeni sarstı ve ezdi.
Aşkının anısına, aşkının kokusuna,
Bu yürek senden ve sevgiden bıktı.
Kadere umut buketini tut,
Gücüm ayrılık için yeterli değil.
Gizli acıları yutmak,
Zayıf kalemimden intikam alacağım!
Sorgulamadan kalbinin kapısından,
Uzun zamandır o olmadan gözlerinin içindeyim.
Gözlerinden bir parça mutluluk seçiyorum
Armon'un kollarına düştüm...

Bugün kalp şarkı söyledi - bir şiir,
İkimiz de şanslıydık...

MUTLULUK NEDİR?

Aslında dünyaya gelme - İkbal,
Bu, Yaradan'ın ona teşekkür ettiği anlamına gelir.
Özel olduğunuzu bilmek iyi şanstır,
Bu, düşünce armağanının yakalandığı anlamına gelir.
Mutluluk nedir?
Mutluluk nefes alma özgürlüğüdür
Ve kalbin umutla dolu dostum.
Bayramı kutlayan baban için,
Annen hayatta olduğu için çok şanslı dostum.

Mutluluk yüreğinizde bir özlemdir,
Güzel duygularınızın harekete geçmesine izin verin.
Mutluluk tatlıdır, en yüksek değer, ne yazık ki,
Talihsiz bir izle doğmuş bir kişi!
Bugün bitmeyen şey yakında bitebilir.
Bugün düşmek için çok erken!
Ey köle, ya mutlusun ya da mutluluk seni bekliyor,
Kötü şansı unutun!

Fark

Kim karı sever, kim kanseri sever,
Başka kim sonbahar mı yoksa ilkbahar mı?
Dünya binlerce farklı insanla yaratıldı,
Her biri bir kâinattır, fiili tektir.
Herkesin eylemleri, sözleri,
Turfa kaleye doğru bir adım atıyor.
Birinin kaderi birine örnektir,
Birinin çamuruna yabancıdır.
Herkes Anavatanı kendi tarzında sever:
Birisi aşk destanı yapıyor.
Ruhumu Tanrının topraklarına aşıladım,
Yürek burkan haberlerle dolu destansı bir hikaye.
Kim karı sever, kim kanseri sever...

*
Rüyadaki bakışlar, toplantı günü,
Sağ tarafta yüksek sesle mi düşündün?
Eğer sadece bir günüm varsa, umarım
Ruhumu göklerde arar mısın?

Visol bir serap, sensiz tarif edilemez bir trajedi.
Zalim kader bunu gördü!
Sevdin... Yandın... Bekledin. Hala...
Gözyaşları senindir, benim gözyaşlarım sadece...
Sensiz günlerim kalbimi dondurdu

Hicran Oğuş'ta yaşamak çok yorucu.
Yağmura dönüştüm, duu-duv döktüm,
Aşkın arasındaki ayrılık "oh"lara sıçradı....

Unutmak
Nereye gitsem aşkından kaçtım
Sonuçta sonsuzluğu yüreğine kazıdın.
Uzakta, görüntünüz sarılıyor -
Kederin "kalemini" durdurdunuz.
Gürleyen gökyüzü, yağmur damlaları,
Ayrılığımdaki "oh"umdu bu.
Hayatım bitti - derin bakışlar,
Kalbimi mi kazdın?
Gelmeni beklemeyeceğim, bilsem de
Sahte duygularınız kalbe hedeftir.
Gelse bile yüreğinde "gitme" diyen ses,
Elbette unutuyorum, inan bana!.

İlinj
Umarım çalmayı hatırlarsın
Tatlı rüyalarım bir türlü gitmiyor.
Avuç içleri birbirini yaksa da,
Tut ellerimden, bırakma beni.
Kaderdeki hatalar,
"Kalbim haklı" dedim.
Talihsizlikler başıma düşsün,
Aşk dedim tekrar tekrar...
Rüyalar rüyalardaki seraplardır,
Hafızanız sonsuza kadar hayal gücünde kalacak!

Tatillerde kalp kötüdür -
Bana ihtiyacın yok, ben senim!
Tanrı seni korusun -
Görmeden aşk mıydı bu?
Arzitmasa - "gizli sır"
Rüyalarımda mı kayboldu?
Vazni zor günleri saydı -
Senin için yaşamak zor...
Rüyalarımda görmek istiyorum
Gecelerimi bekliyorum...
Acıyı alıp götürdüm
Canım, hiçbir şey görmedim.
Aşka karşı çaresizim
Lütfen son çare olarak beni affedin...

İÇERİK
***

Dileklerim gerçekleşir; eğer gelirsen,
"Bekle canım, geri döneceğim" dedin.
Hasretimin hüznünü hissedersen
Yokluğundan utanırsın.
Dawn şu soruyu yanıtlıyor:
Seni nazikçe okşamak
belki birisi seni uyandırır?!....
- Benimle ilgili anıların...
Bir ikiz gibi yaşadım yüreğinle,
Kalbime bir "kara ok" saplandı.
Git dersem adresim yok.
Kalma şansım yok.
Duygularını kalbinde sakladı

köleye açıklandı.
Mutluluklar dilerim,
Talihsiz bir kişiyi unutma.
Dileklerim gerçekleşir; eğer gelirsen,
"Bekle canım, geri döneceğim" dedin...

Üzüntü
***
Bu "yot" için özür dilerim.
Kalp soramadı.
En ilginç hayat -
Artık ilginç değil!
Hicran zakhında yatıyor
Sabrımı kıskandım.
Kendi kendine uyandı
Sevgilim için üzüldüm.
Seni seviyorum
Acılarını kazanacağım.
sakın geri dönme diyorum
Gelmeni bekliyorum.
Ağrı kesici:
Yedi harf - bir kelime...
gidersem endişelenme
Adres hala senin!...

****
Acı dolu gecelerimin hakkı -
Arada bir "iyi geceler".
Umutlar kalpte kalmaz
Çok mutsuz gecelerim var...

Hicran'ın vahşi yılları -
Yeni bir ruj sürmek kötü şans getirir.
Gökyüzü sonsuz yağmurlar yağdırdı,
Hala bir damla sana ihtiyacım var.
Sonsuza kadar uyanmak istemiyorum -
"Sen" hayallerimi bırakıyorum!
Seni o kadar çok seviyorum ki ayrılmak istiyorum.
Bu adımlar senin aşkınla zincirlenmiş...
Mutluluk sensin, mutsuzluk benim
Bakışların günü ne zaman gelecek?
Bekliyordum, bekliyordum, bekliyordum
Sen yolu unuttun, belki de beni...
Bırakın kalp kırılsın - ayrılın!
Gözlerin ardında, acı genç sim-sim...
Diller konuşmadı, duygular konuşsun.
Kalpler dinlesin ve "gözlerimi kapatsın"!

Üzüntü
JAZM
Garip kalbim, senin kalbinden sürülen
Hicranın derinliklerinde hüzün yüzüyordu.
O aşk hikayesini söylemeyeceğim
Şimdi unutsan da unutmasan da...
İfadenizi bile fark etmedim.
Duygularınızın uyuşturucusu bitti.
Her hatırladığımda yandım, yandım,
Şimdi gelsen de gelmesen de...
Sarı baharım seni bekliyor

Hasretten hazonlar birer birer döküldü.
Son dizelerimin gittiğini unutuyorum,
Şimdi yazsan da yazmasan da...

Gündüzleri rüya görüyorum, geceleri rüyalarım dolaşıyor.
Alevler başımın üzerine döküldü.
Ağır adımların beni öldürdü, inan bana
Artık sevseniz de sevmeseniz de aynı!

Kimseye...
Ben taşan bir aşk fincanıyım!
Ben onların içinde boğuluyorum.
Seni kaybettiğimi söylersem
Kendimi kaybettim!
Sen benim en sevdiğim kitabımsın
Bu benim kurduğum bir cümle.
Mutlu kalbim -
En sevdiğim sayfasın
Kollarında bir nefes -
Acıyı uzaklaştırmak.
Yalnızlığın değil -
Boşluğunuzu doldurmama izin verin.
Allah'ın huzurunda
Aşkımızın sırrı ortaya çıkıyor.
Kaderim eski
Haklısın, ben bir günahkarım.
Merhamet et Rabbim
Lütfen bana bildirin.

Hayatımda değil - "kalbimde"
Unut gitsin!
Benim için "hiç kimse" -
Kalp özleyemez.
Bu "hiç kimse" hiç kimseye,
Hiçbir borcum yok!

Üzüntü
***
Mesafeler uzun,
Bunlar sabırsızlıkla beklediğiniz gözler.
Aşka teslim oldum ama
Kalbim senin adını söyleyip duruyor.
Çarpışmalar tesadüfi değildir.
Allah'ın verdiği mutluluk gerçektir.
Artık kader görmek istemiyor
Günahım bir parçaya mı çarptı?
Acın için üzgünüm -
İptal ettim.
Anılar beni yordu
İstediğin zaman sinir bozucu.
Vücuduma dokunduğunda titriyorum
Düşünceleriniz kalbimi dolduracak.
Nedenini bilmiyorum ama
Seninle geçirilen her an çok güzel.
Bu ayrılığın yükü ağırdır; Çehram'da: kendini satar.
Acının sonu aşkım
Her an Hak'ı hatırlatır.

***
Kaderimi sordum
Alnına yazamadım...
Toprakla bir oldum ama
Seninle bir olamadım.
Yanan kalp başka bir sorundur
Vücuda çok zarar veriyordu.
aşkını duymak istiyorum
Bir isteğim daha var...
Mesafeler uzun,
Bunlar sabırsızlıkla beklediğiniz gözler.

Seven ben değilim...
Bir anda yüreğim bahara döndü,
Tutashdik yolunda - selamlar.
Ve acılarımın şifacısı oldum
Bu çatışmanın sonucu nedir?

Geçen dünyayı, kendini unutup,
Yüreğimin sesini saklamadım.
Korkmadan kalbimi ellerinde tutuyorum,
Deli gibi aşkın kapısını açtım.
Sensiz sonsuza dek boşlukta yaşadım
Ağır bir yük çöktü yüreklere.
Bir an bile bunu düşünmeyin.
Göğsümde - senin fotoğrafın, canım!
O an yüreğinle oynamadan öleceğim,
Sana olan hasretinden üşüdüm ve dondum.
Ayaklarınızın altında toz toprak olsun,
Yüzüm yağmura döndü.

Hicranda bana eziyet eden sen değildin,
Günahlarım çok, imtihan eden Allah'ım.
Sen dünya tarafından seviliyorsun; ben değil,
Sevgisi benimle olan Tanrım.

Üzüntü
İTİRAF

Netay, kalbinde bir yer buldum
Ne yapmaya çalışıyorsun?!
Ben diledim, ey Allah'ım,
Sen kalbimde olduğun sürece...
Yanımda değilsin ama
Yaranızda bir yaralanma var.
Bu yaralar ikiz gibi -
Yeniden doğacağım...
Aşk dünyasında,
"Günahımı yaydım" - kader.
Kaderimin mahkemesinde,
Cezam geçti, hastayım, yoruldum...
Gözlerim kısıldı,
Bir soru sor:
sana aşık olduğum için
Hak'a nasıl cevap vereceğim?

İÇERİK
Nefesim...
Güneş gündüz doğar, ay sessiz gecede,
İkisi uzlaşmaz.
Biri sen, biri benim. Yürek ortada,
Geceleri ay kapanır ve sabahları ufuk loştur.
Mutluluğa tutunmak, "hayal"i seçmek...
Nerede bu kader? - Mezar kazıyorum.
İstediğiniz kadar rüşvet verin,
Seni sonsuza kadar alnıma yazacağım.
Duyguların olmadan eğlenilmez, hasret biter,
Senin aşkından ölürsem kabul ederim.
Kahkaha hüzündür, aldığın nefes sondur,
Eğer sensiz bir dünyada yaşıyorsam...

Üzüntü
***
Zaman saniyelerle geçiyor,
Gözlerim senin yollarına çekildi.
seni özledim canım
Beni unuttun mu canım?
- Tanrım! benden ne istiyorsun
Sor... Sor... Vereceğim dedin.
Bana yapmadığın şey
Vermedin, çok mu sevdirdin?...
Acımı nehirlere anlatayım mı?
Beni heyecanla dinle.
Umutla baktım yollara
Unuttun mu yoksa canım?
Bir ömür hareket ediyor, gönül memnun,

Omzuma düşen acı.
Hafızan ringa balığı gibi aktı yüreğinde,
O hala seni bekliyor...
Hafızada - harika bir an,
Beni özledin mi, yalnız mıyım?
Belki duygularınız "hışırdıyor",
Beni unuttun mu canım?

İÇERİK
Lütfen

Şafak sökünce gözlerim hüzünlü,
Yolumu kaybetme, haritam ol.
Kalbimin sözleri dolaşırsa,
Bu yarım kalbimdeki ay kadar dolu...
Günahlarım çoktur, bağışlanmış olsa da,
Ellerim senindir, bırakma.
Sonsuza dek üzüntüleri kalpten kovmak -
Tatlı anılar arkamızda kalsın...
Hicranlar saldırırsa sevinirim
Ben zayıfım, kalemim tek sırdaşımdır.
Eğer Kahraton'da kalırsam bu benim soğuk bedenim olur.
Güneş ışığım ol, hayat arkadaşım ol...

Üzüntü
Dilek

Kaderin güzelliği,
Bal kadar tatlı ama...
Kaderden - rıza
Tatlılardan daha tatlı.

Eğer bir diken varsa -
Aşk, aşkı sever.
Merhameti esirgemezsin,
Kaktüsler de çiçek açar.
"Kırık Kalplerdeyim"
- Büyük Tanrı dedi.
Ağzımla açıyorum
Daima benimle.
Yaralar bir gün iyileşir
Acı unutulur.
Zalim kalbin titriyor -
Gülümseyin ve mutluluklar dileyin...
Unutmama izin verme
Öğret, dur, davran.
ben de senin gibi üzgünüm
Güzel bir şekilde unutuyorum...
Dünyaya geri dönsem
Kaktüs gibi çiçek açıyorum!
Alnına izin ver -
Benim tarafımdan yazılmıştır!

Üzüntü
***

Kalbin giderek daha fazla parlıyor,
Giderek daha fazla duygu yabancılaşıyor...
Umut dolu ay günleri sayar,
Aşkınla delisin.
İkililer de taşa dönüştü
Gözyaşları Hicran'la aktı.
Sonsuz adın kalbimde:
Ne sevincim ne üzüntüm belli...
Yanımda çiçek açmış bir kayısı,
Çiğden ıslanmış mı?
Acıyı paylaşalım
Yalnız ağlamak adil mi?
Şehvetle seviştin,
"Seni seviyorum" diyemedin.
Anladım ve sen benim acımdın
"Övgüler" diyerek teselli oldum.
Gözlerine teslim oldum
Kalbimin derinliklerinde...
Ooh'larınız ve aah'larınız için bir iddia arıyorum,
Darveshona'ya aşık olduğumda...

***
Bir gün kalbimi yapmalarını iste,
Duygularımı gizlemeden döküyorum.
Ateşli toprağı kollarına alırsa,
Adresinize dikkat edeceğim.
Aşk yıldızları solan şeydir

Bu çılgın şeyi canımın istediği kadar
söyleyeceğim.
Beni canlı canlı öldüren aşktı
Her gün seni bırakıp sana dönüyorum.
Kalbimin atmasını engelle,
Sevmek zorunda kalanlara dünya mı zalim?!
Mesafeyi yakmak yerine,
Keşke beyaz kara dönüşebilseydim...
Senin huzurunda ağlıyorum
Kirpiklerine düşmeye devam ettim.
Hüzünlü yüreğinde, avuçlarında,
Eğer parçalara ayrılsaydım.

Gecenin kollarında acı çekiyorum
Sana hakaret etmeye cesaret edemiyorum.
Uyanan duygulara bir son verelim -
Bir kere "sevmiyorum" de canım.

İÇERİK
****

Bu dünya dardır, geniştir,
Sevgiyi hissettim - bilerek!
Ya da sevmem benim için iyidir.
Senin yüzünden şair oldum.
Onu yaktın ve attın -
Yalnızlık içinde yalnız - dinlemiyorum.
Zalimsin, acıya dost edindin,
Ben candan severim, günahım nedir?

Unut gitsin diyorum, kalbim durmuyor
Özlem yoğunlaşır.
Ölümle yüzleşirsem hafızan yorulmaz,
Yüreğiniz şifalanıyor, sözleriniz teselli ediyor.

Aşkım bir oğul mu yoksa bir kelime mi?
Belki kalbimin ifadeleri?
Bakmamanın suçlusu gözüm mü?
Sizce kalp tellerimi mi çaldınız?
Beni sensiz dünyalardan al
Eğer senin sevginle doluysam katılıyorum.
Eğer bana hayatımın bir gününü verirsen,
Kollarında ölürsem ölmeye razıyım!...

Üzüntü
***
Gökyüzü neden bu kadar ağladı?
Belki de acıyı hissettim.
Hicran'ın başlangıcından itibaren her an,
Belki kırılmıştır, belki bıkmıştır.
Acılarımı paylaştı
Özlem gözyaşları döktü.
Rahat bir nefes alarak şunları söyledi:
Küçüldü ve yere çöktü.

Kafting haberi vücuda emilir,
Yüzündeki damla bendim.
Kiprigin'e indikten sonra dinledi:
Sorun yağmur değildi, bendim.

Üzüntü
Ülkem uyum içinde...
Sen öldüğünde benim mutluluğum kaçınılmazdır
Anıların içi parlaktır; geçmişiniz.
Müziğim kollarında, sözlerim muzaffer,
İlacınızı her aldığınızda "oh" deyin.
Boyunuz benim değerimden yüksek
Bütün dünya tek bir dünyadır.
Bedenimle ışık ol ülkem
Fakirlere safran diyelim.
Hasretle öl denilse...
Babür'ün figürüdür. - Dilde "Dodi".
Dünyayı fetheden "kalem" ile,
Dualarınız asla solmayacak.

Kendine iyi bak, özgürlüğünü koru,
Canavarlar kılıcımın avıdır.
Göğsünün etrafında bir kan pıhtısı dönüyordu.
Bunun böyle gitmesine izin vermeyin - ghanim'in sasi'si.
Kelimeleri kalbe koyun - kavramanın verdiği acı,
Özgürlük sarhoşluğuyla kalın.
- Sonsuza dek kollarında kalana kadar...
- Şansı kollarında bulabilir miyim?

Üzüntü
Belki.....
Duygularım seni memnun ediyor
Huzurumu terk etmiş gibi görünüyor.
Sessiz geceler kırık hayallerdir
Belki unutmak daha iyidir...
Aşkın göklerine,
Şanslı mıyız?
Netay, git buradan, git
Belki unutmak daha iyidir...

Mutlu olacak kadar içtim
Senin acından sarhoş oldum ama -
Yakında... şimdi... yakında, ay,
Belki unutmak daha iyidir...
Ben Hicran'ın esiriyim,
Keşke dünyayı dolaşabilseydim!
Ben sadakatsizlerin kalbiyim
Belki unutmak daha iyidir...
Kalbim seninle mutlu olsa da,
Netai - kader! Ve şunu bil -
Seni incitmeyeceğim, lütfen dinlen - zamanında,
Belki unutmak daha iyidir...
Ne bir haber var, ne bir ses...
Safra taşı mı? Bu nasıl bir dil...
Tek kelime etmeden bunu yapıyor...
Belki unutmak daha iyidir...

Üzüntü
Seven ben değilim...
Bir anda yüreğim bahara döndü,
Tutashdik yolunda - selamlar.
Ve acılarımın şifacısı oldum
Bu çatışmanın sonucu nedir?
Geçen dünyayı, kendini unutup,
Yüreğimin sesini saklamadım.
Korkmadan kalbimi ellerinde tutuyorum,
Deli gibi aşkın kapısını açtım.
Sensiz sonsuza dek boşlukta yaşadım
Ağır bir yük çöktü yüreklere.
Bir an bile bunu düşünmeyin.
Göğsümde - senin fotoğrafın, canım!

Mahzuna Habibova A'zam kizi 10 Ekim 1998'de Buhara bölgesinin Zhondar ilçesinde doğdu. Özbekistan'da ve uluslararası yayınevlerinde şiir koleksiyonları yayınlandı. Halen Gülistan Devlet Üniversitesi Pedagoji ve Psikoloji Fakültesi öğrencisidir.

www.ingramcontent.com/pod-product-compliance
Lightning Source LLC
LaVergne TN
LVHW010621070526
838199LV00063BA/5222